SYSTEME

Méthode de français pour débutants

Guy Capelle

L.G. Alexander

Roy Kingsbury

Longman

LONGMAN GROUP LIMITED
*Longman House, Burnt Mill, Harlow, Essex CM20 2JE,
England and Associated Companies throughout the World*

First published 1985
Second impression 1991
ISBN 0 582 35338 6

*Phototypeset in Linotron 10/12 Plantin
Produced by Longman Singapore Publishers Pte Ltd
Printed in Singapore*

Table des matières

DOSSIER 1 Votre nom, s'il vous plaît?

1 Etudiez et utilisez

Vous êtes bien M. Poirier? — Oui, c'est moi. / Non. Je m'appelle Portet.
Madame Bresson, c'est vous? — Non, ce n'est pas moi. / Je m'appelle Masson.
(*au téléphone*) Qui est à l'appareil? C'est M. Tissot? — Oui, c'est moi. / Non, ici Jacques Toupin.

Complétez

1 Vous êtes bien Mademoiselle Cousin?   Oui,...

2 M. Pottier, c'est vous?   Non,...
Poirier.

3 Votre nom est bien Massot?   Non. .... Masson.

4 .... M. Vaillant?   Oui, c'est moi.

5 Votre numéro de téléphone est bien le 64 57 21?   Non,...................... 46 75 12.

6 Allo, ..., Marie?   Non, ... Suzanne.

7 Pardon,...? C'est Mme Leblanc?   Non, ici Mlle Estet.

8 Bonjour, ... Pierre Roux?   Oui, ...

2 Transfert: lisez et écrivez

Situation: Vous avez rencontré un français quand vous étiez en vacances en Espagne. Lisez l'adresse qu'il vous a donnée et écrivez sur une feuille séparée les mêmes renseignements sur vous-même afin de les lui donner.

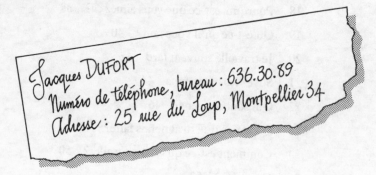

Jacques DUFORT
Numéro de téléphone, bureau : 636.30.89
Adresse : 25 rue du Loup, Montpellier 34

3   Lisez et remplissez la fiche

Lisez le texte suivant et tirez-en les renseignements nécessaires pour remplir la fiche ci-dessous.
Monsieur Robert Sadoul habite 25, rue du Pont, à Marseille, code postal 13001. Son numéro de
téléphone est le 76. 02. 95. Il suit un cours d'espagnol de 2ème année. M. Sadoul est français.

```
Nom: ..............................................................................

Prénom: ........................................................................

Adresse: ........................................................................

Téléphone: ....................................................................

Nationalité: ....................................................................

Cours suivi — langue: anglais / allemand / espagnol

                 année: ........................................................
```

Phonétique   Ω

Vous allez entendre une série de questions suivies de leurs réponses. D'après le ton de la voix,
essayez de dire si les questions sont posées de façon amicale ou distante. Cochez la case
correspondante.
Par exemple, vous entendez:
Votre nom? — Lefort.
et vous cochez la case de droite, ton distant.

	Amical	Distant
		×
1		
2		
3		
4		
5		

DOSSIER 2 Comment allez-vous?

1 Etudiez et utilisez

noms masculins				*noms féminins*			
mon son	le ce	monsieur numéro père frère mari fils	cette		la ma sa	femme mère sœur femme fille	*devant un son de consonne*
	l' cet	homme ami			l' mon son	amie adresse	*devant un son de voyelle*

a Complétez avec son **ou** sa.

1 Qui est cet homme?   C'est le mari de Simone. C'est .... mari.

2 Qui est cette femme?   C'est la sœur de Paul. C'est .... sœur.

3 Qui est cette femme?   C'est l'amie de Jean. C'est .... amie.

b Complétez avec ce, cet, cette **et** le, la, l'.

1 Quelle est .... adresse?   C'est .... adresse de M. Pinot.

2 Qui est .... homme?   C'est .... père de Simone.

3 Qui est .... femme?   C'est .... mère de Suzanne.

4 Quel est .... numéro de téléphone?   C'est .... numéro de Jean.

5 Qui est .... monsieur?   C'est .... ami de mon frère.

2 Trouvez les réponses
L'ordre des réponses a été brouillé. Retrouvez la bonne réponse.
Par exemple: 1 — E.

1 Qui est-ce?
2 Votre frère va bien?
3 Vous allez bien?
4 Vous connaissez mon mari?
5 C'est votre amie?
6 C'est le frère de Sylvie?

A Non, ce n'est pas mon amie.
B Non, c'est son mari.
C Oui, il va bien maintenant.
D Oui, je vais bien merci. Et vous?
E C'est sa sœur.
F Mais non! Enchanté.

3 Regardez et écrivez

Monsieur et Madame Legrand ont trois enfants. Deux d'entre eux sont déjà mariés.
Dites autant de choses que vous le pouvez sur la famille Legrand.
Par exemple: Serge Dubout est le mari d'Anne.

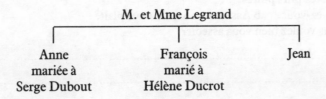

```
                        M. et Mme Legrand
        ┌────────────────────┬────────────────────┐
      Anne                François              Jean
    mariée à              marié à
   Serge Dubout         Hélène Ducrot
```

4 Transfert: lisez et écrivez

Situation: Vous êtes en visite chez un ami français. Il vous a trouvé l'adresse d'un dentiste.
Voici la note qu'il vous a laissée.

> Dentiste: Il s'appelle M. Sentier.
> Son adresse est 21, rue de la Gare.
> Son numéro de téléphone est le 46.27.94.

Notez pour un ami français en visite chez vous le nom, l'adresse et le numéro de téléphone d'un
dentiste et d'un médecin.

Phonétique   Ω

Vous allez entendre six phrases. Cochez la case de gauche si la phrase entendue est déclarative,
la case de droite si elle est interrogative. Vous entendez par exemple:
Ça va bien?
Et vous cochez la case de droite.

Déclarative	Interrogative
	✕
2	
3	
4	
5	
6	

DOSSIER 3 Vous désirez?

1 Exercez-vous

Rendez ces requêtes plus polies.
Exemple: a Asseyez-vous.   b Asseyez-vous, s'il vous plaît.
       c Vous voulez bien vous asseoir?

1 a Attendez ici.   b ....

  c ....

2 a Venez avec moi.   b ....

  c ....

3 a Donnez-moi votre passeport.

  b ....

  c ....

2 Exercez-vous

Tout est défendu!
Exemple: On peut entrer par ici? — Non, n'entrez pas par ici.

1 On peut stationner ici? ....

2 On peut attendre ici? ....

3 On peut s'asseoir ici? ....

3 Regardez les panneaux

Répondez à la question selon ce que disent les panneaux.
Exemple: On peut stationner ici?   : Non, on ne peut pas. Regardez:
     'Défense de stationner' ou
     'Stationnement interdit'.

1 On peut fumer ici?   1 ....

2 On peut sortir par là?   **Entrée**   2 ....

3 On peut passer par là?   **Passage interdit**   3 ....

4 Les femmes peuvent entrer?   **Toilettes Dames**   4 ....

5 On peut stationner ici?   **Stationnement autorisé**   5 ....

4   Faites des suggestions

Exemple:

Entrée

Entrons par là.   ou On entre par là?

ou Vous voulez entrer par là?

1   Sortie

....

2   Stationnement autorisé

....

3   Ouvert

....

5   Transfert: écrivez

Situation: Un ami français en visite veut savoir ce que certains panneaux veulent dire dans votre pays. Choisissez-en cinq, dessinez chacun d'eux approximativement, et écrivez (en français, naturellement) ce qu'ils veulent dire.

Phonétique   Ω

Vous allez entendre plusieurs requêtes. Dites chaque fois si la requête vous paraît aimable et polie ou indifférente et même désagréable. Dans le premier cas cochez la case de gauche, dans le second la case de droite, puis répétez la requête en gardant le même ton. Vous entendez:
Donnez-moi votre adresse.
et vous cochez la case de droite.

Aimable	*Indifférente*
	×
2	
3	
4	
5	
6	

DOSSIER 4 A gauche, à droite, tout droit

1 Regardez et écrivez

Regardez le plan donné en 2.2, p. 19 et indiquez dans quelles rues se trouvent les endroits les plus proches du lieu où vous êtes. (Attention au genre – masculin ou féminin – des noms utilisés et donc à la forme de l'article). Utilisez près de, à côté de, au coin de, au bout de.

Exemple: La gare la plus proche est dans la rue de la Gare.

1 La poste ....
....

2 La gare ....
....

3 La cabine téléphonique ....
....

4 L'arrêt du bus ....
....

5 Le parking ....
....

2 Indiquez la rue

On vous a demandé si tel ou tel bâtiment se trouve dans une rue. Or, le bâtiment en question se trouve dans une autre rue. Reportez-vous au plan donné en 2.2, p. 19.

Exemple: Il n'y a pas de poste dans la rue de France, mais il y en a une dans la rue du Marché. (Attention au genre des noms.)

1 .... arrêt d'autobus .... la rue Neuve,

mais ....

2 .... parking .... la rue Neuve,

mais ....

3 .... banque .... la rue Centrale,

mais ....

4 .... poste de police .... la rue de la Gare,

mais ....

3 Utilisez les indications

Quelqu'un vous invite chez lui pour la première fois. Il/elle vous envoie une lettre avec les indications pour trouver sa maison à partir de l'arrêt d'autobus le plus proche. Il/elle a joint un plan, mais il/elle a oublié de tracer le chemin à suivre. Marquez le chemin sur le plan.

L'arrêt de l'autobus est dans la rue Principale. Prenez la rue Principale et tournez à droite dans la rue de la Poste. Tournez à gauche dans la rue Centrale et prenez la première à droite. Suivez cette rue, à gauche. Ma maison est au 27, à droite.

4 Indiquez le chemin

Vous écrivez une brève note indiquant à quelqu'un que vous avez invité où se trouve votre maison: en B sur le plan de l'exercice 3 précédent.

5 Donnez des indications

Un(e) ami(e) français(e) veut visiter votre ville. Procurez-vous un plan, encerclez les cinq ou six endroits qui valent une visite et ajoutez quelques notes qui l'aideront à mieux se repérer. Utilisez des mots comme (une) cathédrale, (un) musée, (une) église, (un) théâtre, si nécessaire.
Par exemple: Le musée est dans la rue ...., à côté de .... (près de ...., au bout de ...., au coin de ....)

Phonétique 🎧

Quand on croit ne pas avoir très bien compris, on reprend souvent tout ou partie de la question qui vient d'être posée pour avoir confirmation. C'est également une façon de gagner du temps et de préparer sa réponse.
Vous allez entendre une série de questions. Cochez la case de gauche si la question est posée pour la première fois, la case de droite si elle est répétée.
Vous entendez par exemple: 'La poste la plus proche?' et vous cochez la case de gauche.

Première   *Répétée*

×	

2		
3		
4		
5		
6		

DOSSIER 5 Où sont-ils?

1 Complétez le texte

Reportez-vous au résumé de la p. 25 et aux tableaux donnés en 1.2 et 2.2.
Lisez cet extrait de lettre et ajoutez les mots qui manquent.

Nous sommes .... vacances .... France. Nous sommes .... Paris .... des amis français.

.... maison est .... de la gare. Il y a une poste à .... de .... eux et un cinéma .... coin

.... la rue. Jean et moi, nous sommes allés .... Musée du Louvre et .... théâtre.

2 Donnez des raisons

Donnez les raisons pour lesquelles ces gens ne sont pas là où ils sont d'habitude.
(Attention aux accords en genre – masculin/féminin – et en nombre – singulier/pluriel.
Attention aussi: Les Coste, les Berger: pas de s du pluriel pour les noms propres.)
Exemple: Les Berger ne sont pas chez eux. Non, (je crois qu')ils sont en vacances.

1 Le directeur n'est pas dans son bureau. Non, ... voyage.

2 Mme Monod et sa sœur ne sont pas chez elles. Non, elles sont allées ....

3 Jeanne et Francis ne sont pas à Paris. Non, ils ....

4 Les Coste ne sont pas chez eux. Non, ils ....

5 Leurs parents ne sont pas en France. Non, ...

3 Répondez

On vous demande où se trouvent certaines personnes. Répondez, mais indiquez que vous n'êtes
pas absolument certain du renseignement que vous donnez.
Exemple: Où sont les Monod? — Je crois qu'ils sont allés en ville.

1 Où sont leurs parents? ....

....

2 Où est son frère? ....

....

3 Où sont leurs amis? ....

....

4 Laissez un message

Quelqu'un doit passer vous voir chez vous, mais vous êtes absolument obligé de sortir et vous ne pouvez pas joindre cette personne par téléphone. Vous laissez une note sur la porte pour dire où vous êtes, en indiquant l'adresse et le numéro de téléphone.

5 Envoyez une carte postale

Lisez attentivement la carte postale ci-dessous, puis imaginez que vous êtes en vacances et écrivez, sur une feuille séparée, le texte d'une carte semblable pour un(e) ami(e), ou des amis, en France ou en Belgique.

Chers amis,
Nous sommes en Angleterre, en vacances dans un grand hôtel à Londres.
Je suis dans la chambre d'hôtel. Jeanne est allée au musée. Ça va très bien.

Amitiés,
Bertrand

M. et Mme L. Berger
71, Boulevard Port-Royal
Paris 75013
France

Phonétique 🎧

Quelqu'un pose une question et une deuxième personne répond. Cette réponse vous surprend un peu et vous la reprenez sur le ton de la surprise et avec un léger doute. Faites bien attention aux liaisons.

Exemple: Jean est là? — Non, il est au bureau. → Oh, il est au bureau!

DOSSIER 6 Quelle heure est-il?

1 Complétez les phrases

a Attention aux accords!

A Paris, les musées sont ferm............ le mardi. Le dimanche, ils ouvr............ de 10 à 17 heures.

Les banques ne sont pas ouv................ le samedi. Les boutiques ferm............ à 19 heures.

b Les banques ouvrent .... 9h30 .... 16h30. Elles sont fermées .... samedi et le dimanche.

Les boutiques ferment .... 19h. Elles sont fermées .... lundi.

2 Regardez l'horaire

En vous référant à l'extrait d'horaire ci-dessous, répondez aux questions.

Horaire des trains Paris–Lille							
Paris Gare du Nord	8 30	8 52	10 21	16 21	19 15	20 40
Amiens	–	10 14	11 37	15 17	–	19 32
Lille	10 35	11 07	12 31	14 05	17 12	18 25

Vous êtes à Paris

(Il est 8 15) A quelle heure est le prochain train pour Lille?

....

(Il est 8 40) Quand part le prochain train pour Lille?

....

(Il est 8 45) Il y a un train pour Lille à 8 52. A quelle heure est le suivant?

....

A quelle heure arrive le train de Lille de 14 05?

....

Vous êtes à Lille

Est-ce qu'il y a un train pour Amiens à 17 12?

....

Quel train est-ce qu'on peut prendre pour arriver à Paris à 20 40?

....

3 Répondez à cette dame

Madame Danvers a essayé plusieurs fois de faire des achats dans une boutique qui est toujours fermée. Elle décide d'écrire pour savoir les heures d'ouverture. Répondez-lui.

Votre réponse:

> Monsieur,
> Cette semaine je suis allée tous les matins à votre boutique à 10h.30: fermée!
> Est-ce que vous pouvez me donner vos heures d'ouverture? Je suis Madame Danvers, 24 rue de Sèvres, Paris 75006.
> Avec mes remerciements, veuillez agréer, Monsieur, l'expression de mes salutations distinguées.
>
> J. Danvers

> Madame,
> Merci de _____ _____.
> Je suis _____. Notre boutique est _____ du 8 au _____. Nous ouvrons _____ 25. Vous pouvez _____ de ____ à ____
> Veuillez _____, _____, _____ ____ _____
> respectueux hommages.
>
> M. Rousseau

4 Donnez les indications

Situation: Une de vos amies françaises doit arriver cette semaine. Voici un fragment de la lettre que vos venez de recevoir et dans laquelle elle vous précise l'heure de son arrivée.

> Mon avion part d'Orly jeudi prochain à 12h.35. C'est le vol AF 317.
> Il arrive à Stockholm à 17h.48. Est-ce que vous pouvez être à l'aéroport jeudi?
> Merci.

Vous partez pour les Etats-Unis la semaine prochaine. Ecrivez une lettre semblable à un ami ou à un collègue.

5 Ecoutez et indiquez 🎧

M. Martin prend rendez-vous par téléphone avec M. Delmont. Ecoutez, puis mettez une croix dans la case A, B ou C correspondant aux notes prises par M. Delmont.

jeudi chez Martin à 7h.	vendredi 7h. Martin chez lui	vendredi Martin à 7h. à son bureau
A	B	C

DOSSIER 7 Et ça, qu'est-ce que c'est?

1 Faites votre déclaration

En arrivant à la douane, on vous demande de faire une déclaration des quantités exactes des marchandises que vous possédez. Dites ce que vous possédez (1, 2 ... bouteilles; 5, 10 ... paquets; 2, 3 ... cadeaux, ou rien).

DOUANES FRANÇAISES
Déclaration à l'importation
Est-ce que vous avez
— du vin? ....
— du parfum? ....
— des cigarettes? ....
— de la viande? ....
— des cadeaux pour vos amis? ....

2 Complétez les séries

Les noms que vous avez appris sont soit masculins, soit féminins. Essayez de trouver des indices du genre puis rayez le genre incorrect. Observez les séries suivantes et complétez-les.

1 Mots terminés par un *son* de voyelle. Ils sont en général: masculin/féminin.

du vin, du café, du ...., ...,

un cadeau, un train, un ...., ...

   Attention: une réunion, une déclaration, une question

2 Mots terminés à l'écrit par un consonne + 'e'. Ils sont en général: masculin/féminin.

de la viande, ..., ...

une orange, ..., ..., ..., ...

   Attention: un âge

3 Mots terminés à l'écrit par une ou deux consonnes prononcées – masculin/féminin.

un sac, ..., ...,

4 Mots terminés à l'écrit par un consonne + 'r' + 'e' – masculin/féminin.

un arbre ...., ..., ...

3 Accordez l'adjectif

Formez un groupe avec le nom et les adjectifs suggérés. Attention à l'accord des adjectifs.
Exemple: vin — rouge — bon → du bon vin rouge.

1 maison — petit — gris ....

2 église — blanc — grand ....

3 arbre — vert — vieux ....

4 route — long — droit ....

5 bouteille — petit — noir ....

4 Trouvez les réponses

Faites correspondre questions et réponses.
Exemple: 1 — C

1 Quelle est la longueur de cette rue?   A 300 kilomètres
2 Quelle est la hauteur de ces montagnes?   B 15 ans
3 Quelle est la couleur de ces tables?   C 1 kilomètre
4 Quel est l'âge de cette fille?   D blanches
5 Quelle est la longueur de cette rivière?   E 3000 mètres

5 Ecrivez une carte postale

Lisez la carte postale ci-dessous. Vous êtes en vacances et vous écrivez une carte semblable à des amis au sujet d'un monument célèbre de la ville que vous visitez.

6 Ecoutez et indiquez la photo

Un parisien montre une photo à un de ses amis étrangers.
Ecoutez le dialogue et cochez la case A ou B correspondant à la photo qu'ils regardent.

DOSSIER 8 J'aime beaucoup ça

1 Répondez aux questions

Répondez à ces questions selon vos propres goûts (en précisant le degré).

Exemple: Vous aimez le vin blanc? — Oui, je l'aime / un peu / beaucoup.

— Non, $\begin{cases} \text{je ne l'aime pas / pas beaucoup / pas du tout /.} \\ \text{je n'aime pas ça.} \end{cases}$

1 Vous aimez les vieux films? ....

2 Vous aimez la viande froide? ....

3 Vous aimez la musique classique? ....

4 Vous aimez le théâtre? ....

5 Qu'est-ce que vous pensez des vieilles églises? ....

6 Qu'est-ce que vous pensez des grands musées? ....

2 Dites lequel vous préférez

Vous êtes en train de choisir un hôtel, une maison, un film, etc. avec quelqu'un et vous exprimez une préférence.

Exemple: Je n'aime pas cet hôtel. Je préfère celui-là.

Ecrivez ce genre d'échange à propos de:

maison — film — vin — église — route — parfum — bière — cigarettes — costumes

Attention aux accords.

3 Exprimez vos préférences

Exprimez au moins cinq préférences personnelles.

Exemple: Je préfère le thé chaud au thé froid.

Pensez à: café — film — maison — vin — hôtel — musique

4 Exprimez vos opinions

est très bien.

Exemple: Qu'est-ce que vous pensez de votre ville? Je pense qu'elle n'est pas mal.

n'est pas bien du tout.

1 de vos amis. ....

2 de votre directeur. ....

3 de votre rue. ....

4 de votre médecin. ....

5 de votre dentiste. ....

5   Encouragez-les

Certaines personnes aiment certaines choses mais, par politesse, elles ne veulent pas se servir elles-mêmes. Encouragez-les à le faire.

Exemple: J'aime le café. — Eh bien, prenez du café. Il y en a.

1 J'aime le vin. ....

2 J'aime le poivre. ....

3 J'aime la bière. ....

4 J'aime le thé. ....

5 J'aime la viande. ....

6   Qu'est-ce que vous aimez?

Lisez les opinions exprimées dans ce questionnaire et dites comment vous vous situez par rapport à elles: (+) si vous êtes d'accord, (?) si vous ne savez pas, (−) si vous n'êtes pas d'accord.

QUESTIONNAIRE	+	?	−	
1 J'aime beaucoup Beethoven.				1
2 Je n'aime pas du tout la bière.				2
3 Je préfère une Renault à une Fiat.				3
4 Les grandes soirées, je n'aime pas ça du tout.				4
5 Je préfère la cuisine française à la cuisine allemande.				5
6 Je n'aime pas beaucoup la viande.				6
7 Paris, ce n'est pas mal.				7
8 Je préfère le vin rouge au vin blanc.				8
9 Les grands hôtels, c'est très bien.				9
10 J'aime beaucoup les films américains.				10

7   Ecoutez et indiquez le restaurant   ∩

Deux amis cherchent un restaurant pour aller dîner ensemble. Ecoutez leur conversation et mettez une croix dans la case correspondant au restaurant où ils décident d'aller.

Le restaurant italien ☐   Le Beaujolais ☐   Le Paris ☐

DOSSIER 9 Tu veux du vin?

1 Complétez les phrases suivantes

Attention à l'utilisation des articles partitifs et du pronom complément en.

Exemple: Il y a du poisson au menu? — Oui, il y en a.

1 Tu ne veux pas .... pâté? ...., j'en veux.

2 Il n'y a pas .... frites au menu? ...., il y .... a.

3 Tu veux .... vin blanc? Non, je préfère .... rouge.

4 Apportez- .... une bouteille .... bière. Désolée, il n'y .... a pas.

5 Donnez-moi .... fromage. .... voilà.

2 Exercez-vous

Vous demandez des objets ou de la nourriture et on vous répond qu'on vous les apporte.

Attention à la place des pronoms compléments, différente selon que le verbe est à l'indicatif ou à l'impératif.

Exemple: Apportez-moi mes chaussures. — Voilà, je vous les apporte.

1 Passez-moi le sel. Voilà, je ....

2 Prêtez-moi ce livre. Regarde, elle te ....

3 Donnez-moi la bouteille. D'accord. Je ....

4 Apportez-moi des cigarettes. Bon, je ....

5 Prêtez-moi votre journal. Mais oui, je ....

3 Dites ce que vous voulez

Vous partez tôt le matin et, de temps en temps, vous laissez une note pour indiquer ce que vous aimeriez manger le soir en rentrant. Ecrivez une note de ce genre sur une feuille séparée.

Ce soir, est-ce que je peux avoir...

s'il y en a ?
Merci.

4 Répondez

Répondez aux questions suivantes en précisant le nombre des objets chaque fois que c'est possible.

Exemples: Elles ont des journaux? — Oui, elles en ont deux.
Tu as du fromage? — Oui, j'en ai.

1 Vous avez un briquet? ....

2 Ils ont des cigarettes? ....

3 Tu as du poisson? ....

4 Elle a un stylo? ....

5 Vous prenez de la viande? ....

6 Vous voulez du fromage? ....

8 Tu veux un sandwich? ....

5 Ecrivez à un ami

Voici un fragment de la lettre que vous a envoyée un ami français. Il y parle de sa ville.
Lisez-la attentivement et écrivez un paragraphe destiné à cet ami français sur votre propre ville.

Nous avons deux grands magasins en ville et cinq ou six bons restaurants. J'aime beaucoup le 'Restaurant de Paris' près de la gare. Le théâtre est dans la rue Centrale, et il y a quatre cinémas. Il y en a un à côté de chez moi. L'église de ma rue est très vieille. Elle a cinq cents ans. La ville n'est pas mal du tout.

6 Ecoutez et prenez la commande Ω

Coralie et Jacques sont au restaurant. Coralie choisit son menu mais elle hésite.
Le garçon attend et note. Ecoutez et écrivez la liste de ce qu'elle choisit.

..............................., ..., ..., ...

DOSSIER 10 Qu'est-ce qu'ils font?

1 Qu'est-ce qu'ils font?

Dites où sont ces personnages et ce qu'ils font.

Exemple: Jeanne est dans la cuisine / chez elle.
Elle fait du café.

Suzanne et Georges sont chez eux.
Ils regardent la télévision.

1 Jeanne

....

2 Suzanne et Georges

....

3 M. et Mme Legrand

....

....

4 Paul

....

....

2 Qu'est-ce que vous allez faire?

Dites ce que vous allez faire demain.

Exemple: A sept heures et demie je vais prendre une douche.
A huit heures je vais faire le café. **etc.**

....

....

....

....

....

3 Quelles sont vos habitudes?

Vous écrivez à un(e) correspondant(e) français(e) et vous lui dites quelles sont vos habitudes, ce que vous faites toujours, souvent, quelquefois, jamais. Vous continuerez la lettre ci-dessous.

> Je prends toujours une douche froide le matin et le soir. J'aime beaucoup ça. Je ne bois jamais de café le matin...

4 Faites un portrait

Faites le portrait de quelqu'un que vous connaissez peut-être, qui travaille tout le temps et qui se prive de presque tous les plaisirs de l'existence.

Commencez par: Mon ami [Jean] travaille toujours. Il travaille tous les jours de ....

....

....

....

....

5 Toujours, souvent, quelquefois, jamais

Dites si vous le faites toujours, souvent, quelquefois, jamais.

Exemple: boire du café   J'en bois souvent.

manger du poisson	1 ....
boire du thé	2 ....
lire des journaux	3 ....
écrire des cartes postales	4 ....
prendre des douches	5 ....
manger du fromage	6 ....

6 Ecoutez et prenez des notes Ω

C'est dimanche. Alain et Bernard bavardent. Bernard demande à Alain ce qu'il va faire.
Ecoutez leur conversation et remplissez la page de l'agenda d'Alain.

Lundi   après-midi
           soir

Mardi   matin
           après-midi

Mercredi

DOSSIER 11 Vous pouvez me donner votre nom, s'il vous plaît?

1 On demande une secrétaire

Vous allez lire le texte d'une petite annonce publiée dans un journal, demandant une secrétaire bilingue.

Ensuite, complétez la lettre envoyée par Mademoiselle Blanc au chef du personnel.

> Secr. bilingue, angl.-espagnol nécess. demandée pour imp. maison de commerce. Age 25–35. Expérience.
> Ecrire — Chef pers.
> BP 7293

2 Donnez des renseignements

Situation: Au cours d'un voyage dans un pays de langue anglaise, vous achetez un objet que vous faites envoyer chez vous. L'employé vous remet la carte ci-dessous. Remplissez-la.

Les Magasins Réunis
Nom (M., Mme, Mlle)...
Prénom ....
Adresse N° .... Rue ....
Ville .... Code Postal...
Pays ....
Téléphone Maison:...
Bureau:...

3   Laissez un message

Lisez le message suivant, puis écrivez-en d'autres en vous référant aux indications suggérées:

M. Dupont est allé au garage prendre de l'essence. Il revient dans 10 minutes.

Mlle Blanc	Mme Ducrot	M. Dejean
Restaurant du Port	parking	en ville
2 heures 30	garer sa voiture	rendez-vous
	11.15	18h

4   Donnez des excuses

Vous êtes resté(e) seul(e) au bureau. Des personnes passent et demandent à voir vos collègues qui sont sortis. Vous trouvez une excuse pour chacun.

Exemple: Je voudrais voir le directeur. — Désolé(e). Il a un rendez-vous en ville.

1 Est-ce que je peux voir M. Durand? ....

2 J'ai rendez-vous avec M. Pommier. ....

3 Je voudrais donner ce livre à Mlle Lejeune. ....

4 Quel est le bureau de Mme Dijoud? ....

5 Je voudrais parler à la secrétaire de M. Pommier. ....

5   Faites l'accord

Faites l'accord du participe passé avec le sujet et ajoutez le pronom complément.

Exemple: Mme Darmon est sortie. Elle n'est pas chez **elle**.

1 M. Ducrot n'est pas chez .... Il est allé......... au bureau.

2 M. et Mme Durand ne sont pas chez .... Ils sont allé......... en ville.

3 Madame et Mademoiselle Lantin sont sorti......... Elles ne sont pas chez ....

4 Jean et son frère ne sont pas chez .... Ils sont sorti......... .

6   Ecoutez et dites où ils sont allés   ∩

Ecoutez les trois conversations téléphoniques et répondez aux questions.

1 Où sont allés les Girard? ....

2 Où est Annie? ....

3 Où est Georges? ....

DOSSIER 12 Comment est-elle?

1 Etudiez et utilisez

Etudiez et utilisez porter, à, à la, au.

> M. Dupont porte un costume marron.
> C'est l'homme au costume marron.
> L'homme au costume marron est M. Dupont.

Attention aux deux sens de porter:
a porter un costume, une robe.
b porter un sac, un paquet.

1 Est-ce que Jeanne est la fille au sac noir? Oui, elle .... un sac noir.

2 Est-ce que Jean est l'homme .... costume bleu? Oui, il porte un costume bleu.

3 Est-ce que Paul .... un chapeau bleu? Oui, c'est l'homme au chapeau bleu.

4 Est-ce que Michel est le garçon .... la radio? Oui, c'est le garçon qui porte une radio.

5 Est-ce que Marie est la femme .... robe verte? Oui, elle porte une robe verte.

2 Décrivez-les

Lisez la description de Georges, puis décrivez Jeanne et Bernard de la même manière.

GEORGES
Taille: 1m,90
Age: 35 ans
Cheveux: courts, bruns
Yeux: verts

Comment est Georges?
Il est très grand. Il a 1m,90.
Il a 35 ans.
Il a les cheveux courts et bruns.
Il a les yeux verts.

JEANNE
Taille: 1m,63
Age: environ 25 ans
Cheveux: long, blonds
Yeux: bleus

BERNARD
Taille: 1m,80
Age: 38 ans
Cheveux: courts, châtains
Yeux: marron

Maintenant comparez Georges et Bernard.

3 Caractérisez les gens

Exemple: Jeanne porte toujours une robe noire. → C'est la femme à la robe noire.
Utilisez: costume marron, petit chapeau vert, grand sac blanc

1 ....

2 ....

3 ....

Caractérisez de la même manière des personnes que vous connaissez bien.

4 On recherche . . .

D'après les indications fournies, écrivez un avis de recherche donnant le signalement le plus précis possible d'une personne qui a disparu. Ajoutez des détails si vous le désirez.

Age: 28 ans
Taille: 1m,72
Cheveux: bruns, longs
Yeux: marron
Porte: un costume bleu
      des chaussures noires
      pas de chapeau

Avis de recherche
On recherche Simon Lepage. ....
....
....
....
Si vous le voyez, veuillez téléphoner au ....
....

5 Transfert: lisez et écrivez

Situation: Des amis français vous écrivent pour vous parler d'un jeune homme qui étudie votre langue et voudrait aller dans votre pays. Ils veulent savoir si ce jeune homme pourra habiter chez vous pendant un mois. Voici un extrait de leur lettre:

> Notre ami s'appelle André Rieutau. Son adresse est 76 rue Centrale à Lille. Son numéro de téléphone est le 27.46.53 à Lille. André a 20 ans et il a environ 1m,70. Il a les cheveux bruns et noirs et les yeux marron. C'est quelqu'un de très bien. Nous pensons que vous allez l'aimer.

Ecrivez une lettre semblable au sujet d'une jeune fille ou d'un jeune homme que vous connaissez et qui souhaiterait être reçu par une famille au Québec.

6 Ecoutez et dites de qui on parle 🎧

Ecoutez la conversation entre les deux personnes et mettez une croix dans la case A, B ou C, correspondant au personnage décrit.

A

B

C

DOSSIER 13 Défense de fumer

1 Comment peut-on le dire?

Donnez au moins deux autres manières d'exprimer:

a ces interdictions

1 Défense de fumer

Il est interdit de fumer. Ne fumez pas!
Il ne faut pas fumer

2 Il est interdit de mettre des objets lourds ici.

Ne mettez pas des objects lourds ici
Défense de mettre des objects lourds ici

3 Il ne faut pas marcher sur l'herbe.

Défense de marche sur l'herbe.
Ne marcher pas sur l'herbe

b ces invitations / suggestions

1 Tu veux te promener?

Tu as envie de promener (avec moi) (avec nous)

2 Tu as envie de prendre l'apéritif?

Tu as envie ~~d'aller~~

3 Allons dîner en ville.

Tu as envie d'aller dîner en ville ?

c ces requêtes

1 Passez-moi le sel, s'il vous plaît. *Je voudrez les sel.*
Voulez-vous me passez le sel, s'il vous plaît.

2 Pouvez-vous m'appeler un taxi? *Appeler-moi un taxi. " " "*
Voulez-vous m'appeler un taxi

3 Si vous voulez bien me suivre. *Suivez-moi, s'il vous plaît.*
Voulez-vous me suivre (to below)

2 Demandez-le poliment

Vous êtes au restaurant. Le garçon vient prendre votre commande mais vous, vous voulez un verre d'eau. Parmi les énoncés suivants, choisissez ceux que vous pouvez utiliser en étant poli.

1 Il n'y a pas d'eau ici!   *Non*
2 Apportez-moi de l'eau, s'il vous plaît.   *Oui*
3 Pouvez-vous m'apporter de l'eau?   *Oui*
4 Apporte de l'eau.   *Non*
5 Je voudrais de l'eau, s'il vous plaît.   *Oui*
6 De l'eau.   *Non*
7 Est-ce que je peux avoir de l'eau?   *Oui*
8 Eh bien! Vous n'apportez pas d'eau!   *Non*

3 Trouvez une solution

Quelqu'un se plaint de ne pas pouvoir faire quelque chose. Proposez une solution.

Exemple: Je ne peux pas mettre ces paquets sous le siège.
Eh bien, mettez-les là-haut.

1 Il n'y a pas de bus pour Lyon. ....

2 On ne peut pas s'asseoir sur l'herbe. ....

3 Je ne suis pas bien à cette place. ....

4 Nous n'avons pas envie de sortir ce soir. ....

4 Laissez un message

Vous devez partir en voyage de façon imprévue et vous demandez à votre frère / votre sœur, ou à un ami de faire plusieurs choses pour vous que vous n'avez plus le temps de faire: porter votre voiture au garage, faire votre valise, demander les heures des trains ou des avions.
Laissez un message dans lequel vous utiliserez autant de formes de requêtes que possible.

5 Ecoutez et écrivez   Ω

Corine et Serge sont en voiture. Ils veulent aller se promener dans un parc public et ils ont quelques problèmes. . . .
Ecoutez leur conversation et écrivez le texte des panneaux d'interdiction.

1er panneau: *Il est interdit de garer ici*
2ème panneau: *On ne peut pas passer par là (sur l'herbe)*
3ème panneau: *Défense de passer*
4ème panneau: *Il est interdit de s'asseoir sur l'herbe.*

2ème Défense de marche sur l'herbe

DOSSIER 14 C'est au premier étage

1 Où sont les pièces de la maison?

a Regardez le dessin et dites où sont situées les pièces.

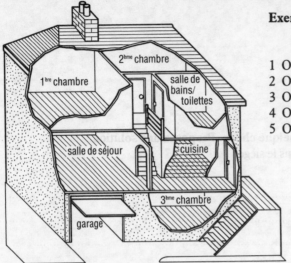

Exemple: Où est la troisième chambre?
La troisième chambre est en bas, au rez-de-chaussée, près du garage.

1 Où est la cuisine?
2 Où est la deuxième chambre?
3 Où est le séjour?
4 Où est le garage?
5 Où sont les toilettes et la salle de bains?

b Vous décrivez votre maison ou votre appartement à un(e) ami(e). Dites où sont situées les pièces. Faites le plan correspondant.

2 Complétez

a Ajoutez, après le verbe à l'impératif, le pronom complément qui convient. N'oubliez pas le trait d'union (-).

Exemple: Il y a un ascenseur? — Oui, prenez-le.

1 C'est la rue de France? — Oui, prenez *la*

2 Il y a un couloir? — Oui, prenez *le*

3 C'est vos allumettes? — Oui, prenez *les*

4 C'est mon café? — Oui, buvez *le*

5 J'apporte les billets? — C'est ça. Apportez *les*

b Utilisez les pronoms compléments d'objet direct avec un verbe à l'indicatif.

Exemple: Descendez les valises. — D'accord, je les descends.

1 Apportez-moi mes chaussures, s'il vous plaît. — D'accord, je vous *les apporte*

2 Donnez-lui ce disque. — Bien, je *le* lui *donne*

3 Buvez ce café. — Mais oui, je *le bois*

4 Suivez cette voiture. — D'accord, je *la* suis.

5 Passez-moi le sel. — Bon, je vous *le passe*

3   Laissez un message

D'après les notes prises au cours d'une communication téléphonique, écrivez le message que
Jean (celui qui a téléphoné) aurait laissé à son ami François qu'il ne peut amener lui-même chez
le directeur de la maison de commerce où François voudrait trouver en emploi.

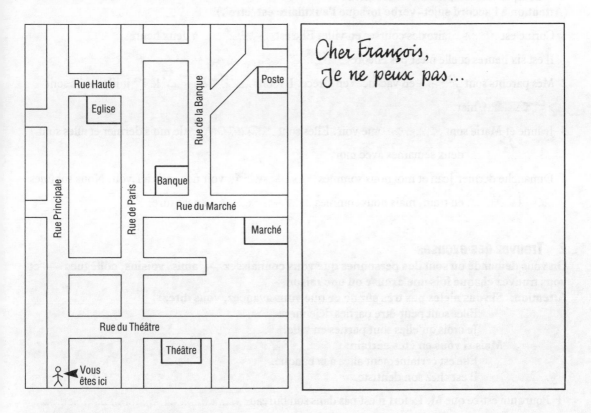

Cher François,
Je ne peux pas...

4   Ecoutez et trouvez le chemin   Ω

Un touriste veut aller à la poste. Il demande son chemin à deux personnes différentes. Quel est
l'itinéraire le plus court? Mettez une croix dans la case A ou la case B.

Itinéraire A ☐   Itinéraire B ☐

DOSSIER 15 Où est-elle allée?

1 Complétez les phrases suivantes
(Attention à l'accord sujet–verbe lorsque l'auxiliaire est 'être'.)

1 Corine est _allé_ faire des courses en ville. Elle est _parti_ à deux heures.

Il est six heures et elle n'est pas encore _retourné, (rentré revenue)_

2 Mes parents sont _partis_ en vacances en Grèce. Ils sont _retournés_ le 1er juillet et ils sont

rentrés ~~revenus~~ hier.

3 Jeanne et Marie sont _revenues_ me voir. Elles sont _arrivées_ le mois dernier et elles sont

restées deux semaines avec moi.

4 Dimanche dernier Jean et moi nous sommes _allés_ voir nos amis à Lyon. Nous sommes

allés en train, mais nous sommes _revenus_ en voiture.

2 Trouvez des excuses
On vous demande où sont des personnes que vous connaissez — amis, voisins, collègues — et vous trouvez chaque fois une excuse ou une raison.

Attention: Si vous n'êtes pas très sûr de ce que vous avancez, vous direz:
Elles sont peut-être parties déjeuner.
Je crois qu'elles sont parties en ville.
Mais si vous en êtes certain:
Elle est certainement allée à la banque.
Il est chez son dentiste.

1 Pourquoi est-ce que M. Lefort n'est pas dans son bureau? ....

2 Nous cherchons Madame Duluc et ses filles. ....

3 M. et Mme Grandval ne sont pas chez eux? ....

4 Marie n'est pas rentrée? _Marie est peut-être mort._

5 Jean n'est pas là cet après-midi? _Peut-être il va visite ses parents._

6 Tes sœurs ne sont pas à la maison? ....

7 Tes amis ne sont pas encore arrivés? ....

8 Elles ne sont pas venues hier soir? ....

9 Pourquoi est-ce que Michel est en retard? ....

10 Jeanne n'est pas allée au bureau ce matin? ....

3   Ecrivez à vos amis
Voici un fragment d'une lettre écrite par Michel Gauthier à un de ses bons amis.

> Cher Marc,
>   C'est bon d'être en vacances. Je suis arrivé ici le 2 août et nous
> sommes aujourd'hui le 10! Le temps passe et je ne le vois pas passer.
> Hier soir je suis allé dîner dans un très bon restaurant avec des amis, et
> je suis rentré à une heure du matin. Ce matin je suis descendu en ville
> faire des courses. Je suis revenu à une heure, pour déjeuner. Tu vois, je
> ne fais rien et je suis toujours en retard … Et toi, quand est-ce que tu vas
> partir en vacances?

**Ecrivez une lettre comparable à un(e) de vos amis, ou répondez à l'ami qui vous a écrit cette
lettre, en disant que vous êtes déjà allé en vacances et ce que vous avez fait.**

4   Laissez un message
**Vous attendez quelqu'un qui devait venir vous voir à 16 heures, mais vous devez sortir avant que
la personne arrive. Laissez un message sur votre porte, donnant la raison de votre absence et
fixant un nouveau rendez-vous en demandant qu'on vous téléphone. Ecrivez au moins deux
messages différents de ce type.**

5   Ecoutez et répondez   ⌂
**Ecoutez les trois conversations téléphoniques et dites si les personnes demandées peuvent venir
répondre au téléphone.**

1 Madame Lancret: ....

2 Jean: ....

3 Madame Tanguy: ....

DOSSIER 16 Vous partez en vacances?

1 Etudiez l'horaire

Etudiez l'horaire Air France ci-dessous, puis complétez la note suivante écrite pour quelqu'un qui veut faire un voyage Paris–Montréal et retour.

Il y a des vols Air-France ....

.... au départ de Paris

à ....

Le vol .... arrive ....

Montréal .... h.

Il n'y a pas de vols ....

....

On peut partir de Montréal ....

.... et arriver ....

	Paris	Montréal
vol 327[1]	12 30	14 00
vol 328[1]	Montréal	Paris
	20 10	8 40

(1) les mardi, samedi et dimanche seulement

2 Parlez de vos projets

En vous référant aux indications ci-dessous, racontez dans une lettre vos projets de voyage à un(e) de vos amis.

19 juin	Paris–Montréal
	départ .... arrivée ....
20–23 juin	Montréal — Hôtel Constellation, rue Peel.
24 juin	Montréal–Québec, en voiture.
25–26 juin	Visite de Québec, vieille ville.
27 juin	Excursion dans les Laurentides.
28 juin	Retour à Montréal.
29 juin	Montréal–Paris. arrivée

Le mois prochain nous irons passer dix jours au Québec.

....

....

....

....

....

....

....

....

3 Racontez votre voyage

Référez-vous à nouveau aux indications données pour l'exercice 2, mais cette fois-ci vous racontez un voyage qui a eu lieu. Ajoutez tous les détails que vous voulez: retard des avions, autres excursions, moyens de transport, etc.

Le mois dernier nous sommes allés passer dix jours au Canada. Nous sommes partis le 19 juin de Paris. Notre avion avait trois heures de retard! A .... nous étions encore à Roissy.

....

....

....

....

....

4 Trouvez la question

Considérez les phrases suivantes comme des réponses et trouvez les questions correspondantes.
Exemples: Oui, il avait vingt minutes de retard. — Son train avait du retard?
(Elle arrivera) à cinq heures. — A quelle heure est-ce qu'elle arrivera?

1 Oui, nous étions à l'Hôtel des Cinq Continents. ....

....

2 (Ils viendront) l'année prochaine. ....

....

3 Non, il avait vingt-cinq minutes d'avance. ....

....

4 Si, il ira au Canada. ....

....

5 (Elle était) chez elle. ....

....

5 Ecoutez et répondez   Ω

Un touriste étranger a pris des renseignements dans une agence de voyage.
Il montre les renseignements qu'il a pris à un ami français. Celui-ci pense qu'il y a des erreurs et téléphone à l'agence de voyages pour vérifier.
Indiquez d'une croix si les renseignements pris sont valables (colonne Vrai) ou faux (colonne Faux).

		Vrai	Faux
1 avion direct pour Montréal le mercredi	1		
2 vol 327 à 12h30	2		
3 durée du vol: 7h30	3		
4 retour: un vol par jour	4		
5 retour le samedi	5		

DOSSIER 17 Faites vos achats

1   Prix, matière et taille

Revoyez la façon de demander et de dire combien coûte une chose, en quoi est faite, et quelle est la taille d'un vêtement.

Prix	Combien est-ce que ça coûte? Quel est le prix de ces stylos?	Ça coûte .... Ils coûtent 50 francs.
Maitière	En quoi { est ce sac? sont ces chaussures?	(Il est) en cuir. (Elles sont) en toile.
Taille	Quelle est la taille de { cette robe? ces pantalons?	C'est du 40

Regardez les dessins des objets et des vêtements que vous avez achetés pour des membres de votre famille. Décrivez chacun brièvement et dites pour qui c'est.

Exemple: Cette chemise est en nylon. C'est du 39. Elle coûte.................C'est pour mon frère.

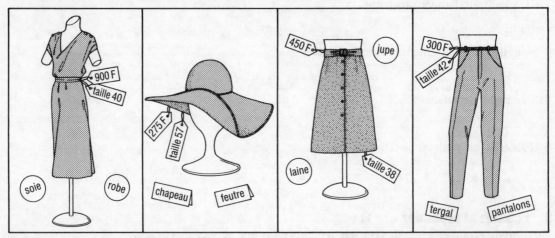

Continuez avec d'autres objets (valise, chaussures, sac, chemisier, etc.) si vous le voulez.

2   C'est trop grand pour moi!

Complétez les phrases suivants avec, par exemple, trop/assez . . . pour . . . ou bien un adjectif au comparatif.

1 Ce chapeau n'est pas de la bonne taille. Il est .... grand .... moi.

2 Cette valise est trop lourde. Je cherche quelque chose de ....

3 Mille francs! C'est .... cher. Je cherche .... de meilleur marché.

4 Ces chaussures sont .... petites. C'est du 40 et je fais du 41.

5 Cette radio est .... chère. Je cherche quelque chose de ....

6 Cette valise n'est pas .... grande pour .... Je cherche quelque chose de ....

3 Est-ce que vous savez compter?

Vous allez faire des courses avec deux cents francs. Vous achetez un chou à cinq francs, trois kilos de tomates à dix francs, deux kilos d'oranges à huit francs, un kilo de fraises à dix-huit francs, deux salades à trois francs la pièce, un sac à quatre-vingts francs. Combien est-ce qu'il vous reste?

4 Elle vous les apportera

Lisez cet extrait d'une lettre envoyée par une de vos amies françaises qui voudrait que vous lui achetiez un objet dans votre pays et que vous le lui rapportiez.

> Si tu as le temps, est-ce que tu peux m'acheter un sac de voyage? Ils sont très chers ici. Je le voudrais en cuir noir, assez grand, pas trop lourd. Pour le prix, pas plus de 500 francs, s'il te plaît.

Ecrivez à un(e) de vos amis pour lui demander un service semblable.

5 Donnez-lui des renseignements

Avant d'accepter un emploi dans votre pays, un(e) de vos amis français vous écrit pour vous demander le prix de la nourriture, des vêtements et des hôtels dans votre pays. Vous lui répondez en lui donnant des indications sur le coût de la vie dans votre ville.

....

....

....

....

6 Ecoutez et répondez Ω

Charles veut faire un cadeau à sa sœur. Mais il ne sait pas quoi lui acheter et il a demandé à une amie, Corine, de l'accompagner. Ils regardent les vitrines. Ecoutez et dites ce que Charles va acheter, de quelle couleur c'est, en quoi c'est, et combien ça coûte.

....

....

....

....

DOSSIER 18 Pourquoi est-ce que vous aimez ça?

1 Qu'est-ce que vous préférez?

a Regardez le tableau concernant les cinq hôtels ci-dessous. Indiquez autant de préférences que vous le pourrez et dites pourquoi.

Hôtels	Catégorie	Nombre de chambres	Confort	Restaurant	Prix
Lion d'Or	Luxe	74	★★★★	★	400 à 650
Central	1ère	26	★★★	★ cuisine française et italienne	280 à 425
Bellevue	1ère	62	★★	—	250 à 375
De La Gare	2ème	17	★★	—	160 à 240
Du Parc	2ème	32	★	★	135 à 190

Exemple: Je préfère le 'Lion d'Or' parce qu'il est plus confortable et plus grand que les autres.

b Caractérisez trois de ces hôtels.
   Exemple: Le 'Lion d'Or' est celui qui est en catégorie Luxe, qui est très confortable, qui a 74 chambres et un restaurant. Une chambre coûte de 400 à 650 francs.

2 Trouvez un bon hôtel

Vous écrivez au syndicat d'initiative d'une ville où vous voulez aller passer quelques jours. Vous décrivez le genre d'hôtel qui vous intéresse et surtout vous précisez ce que vous n'aimez pas.

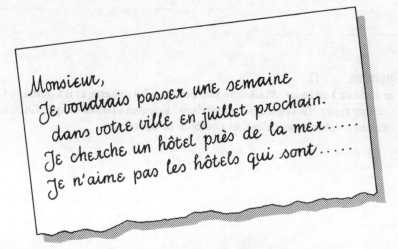

Monsieur,
Je voudrais passer une semaine dans votre ville en juillet prochain.
Je cherche un hôtel près de la mer.....
Je n'aime pas les hôtels qui sont.....

3 Qu'est-ce que vous voulez?

On doit vous faire des cadeaux pour votre anniversaire et on vous donne à choisir entre plusieurs vêtements ou plusieurs objets. Donnez suffisamment d'indications pour qu'on vous offre bien ce que vous aimez.

Exemple: Supposons qu'il s'agisse d'un poste de télévision.

J'aime les postes qui ne sont pas trop gros et qui donnent une belle image pas trop bleue.

a Il s'agit d'un manteau.

....

....

b Il s'agit d'une valise.

....

....

c Il s'agit d'une robe.

....

....

4 Parlez de vos amis

Dans une lettre vous avez à préciser de quelle personne vous parlez. Cherchez à caractériser cette personne pour que votre correspondant(e) ne la confonde pas avec une autre.

Exemple: Je suis sortie avec Paul, pas Paul Simard le petit brun, mais Paul Grimaud qui a les cheveux blonds et les yeux bleus. Je le préfère. Il est plus gentil.

A vous maintenant:

....

....

....

5 Ecoutez et décidez

Ecoutez la conversation entre un mari et sa femme qui regardent des sacs à la vitrine d'un magasin et cochez la case A ou la case B pour dire quel sac la femme choisit.

DOSSIER 19 Qu'est-ce qu'il vous faut?

1 Répondez au questionnaire

Lisez le questionnaire et cochez les cases correspondant aux choses que vous aimeriez avoir ou dont vous avez réellement besoin.

QUESTIONNAIRE	*De quoi est-ce que vous avez besoin?*	*Qu'est-ce que vous aimeriez avoir?*
des chaussures neuves	☐	☐
de l'argent	☐	☐
du repos	☐	☐
des vacances	☐	☐
un manteau neuf	☐	☐
une valise en cuir	☐	☐

Maintenant écrivez quelques phrases comme:

> J'ai besoin de chaussures neuves.
> J'aimerais avoir des chaussures neuves.

ou   J'aimerais avoir des chaussures neuves, mais je n'en ai pas besoin.

2 Qu'est-ce qu'il leur faut?

Trouvez au moins trois choses pour chacune de ces personnes.

Exemple: Jeanne a l'air ennuyé.   Il lui faut parler à quelqu'un.
                                       Elle a besoin d'aller se promener.
                                       Elle a besoin d'argent.

1 Georges a l'air fatigué. ....

....

....

2 Ta sœur a l'air d'avoir soif. ....

....

....

3 Tes parents ont l'air d'avoir faim. ....

....

....

3 De quoi avez-vous besoin?

Essayez d'établir votre budget pour un mois. Dites combien d'argent il vous faut pour chaque chose et précisez ce dont vous avez besoin.

Exemple: J'ai besoin d'une maison de cinq pièces pour ma famille. Ça coûte (il me faut) environ 3000 francs par mois.

4 Complétez les phrases suivantes

On vous donne chaque fois une condition en vous demandant ce que vous ferez. Inventez la suite de la phrase.

Exemple: S'il y a de beaux fruits, j'en achèterai.

1 S'il y a du beau poisson, ...

2 S'il y a trop de monde, ...

3 Si tu aimes le steak saignant, ...

4 Si vous faites trop de bruit, ...

5 Si le dessert est bon, ...

5 Où sont les boutiques?

Ecrivez de courtes notes pour expliquer où sont les boutiques les plus proches de chez vous.

Exemple: une boutique qui vend des fleurs. Il y en a une dans la rue .... (nom réel). Allez tout droit, jusqu'au bout de ma rue et tournez à droite.

1 une boutique qui vend du vin ....

2 une boutique qui vend des fruits ....

3 une boutique qui vend des chaussures ....

4 une boutique qui vend de la viande ....

5 une boutique qui vend des robes ....

6 Ecoutez et répondez   Ω

Ecoutez la conversation entre l'homme et la femme qui choisissent leur menu.
En vous référant au menu ci-dessous, faites la liste de ce que chacun va prendre.

Menu		L'homme	La femme
Les hors d'œuvre	**Les fromages**		
Tomates en salade	Camembert		
Salade mixte	Roquefort		
Pâté du chef	Cantal		
Œuf en gelée	**Les desserts**		
Carottes râpées	Fraises au sucre		
Les entrées	Poire Belle-Hélène		
Steak pommes frites	Tarte aux pommes		
Rôti de veau haricots verts	La corbeille de fruits :		
Poulet rôti	oranges, pommes,		
Poisson du jour, frit ou grillé	bananes, poires, cerises		
Les légumes	**Les boissons**		
Pommes frites	Bière		
Pommes vapeur	Vin blanc		
Haricots verts	rosé		
Chou braisé	rouge		
Petits pois en sauce	Eau minérale		
Salade verte	Café – Thé		

DOSSIER 20 Je travaille souvent tard

1 Quelles sont vos habitudes?

Complétez les phrases suivantes avec ne . . . jamais, **ou bien** toujours, souvent, quelquefois, **et précisez le ou les jours de la semaine en fonction de vos habitudes réelles.**

Exemple: Je **ne** reste **jamais** chez moi le **samedi** soir.

Vous pourrez écrire: Je ne reste jamais chez moi le samedi soir.

OU Je reste souvent chez moi le [dimanche] soir.

1 Je .... regarde .... la télévision le .... soir.

2 Je .... écoute .... la radio le .... matin.

3 Je .... travaille .... au bureau le ....

4 Je .... me promène .... le .... matin.

5 Je .... vais .... faire des courses le .... matin.

6 Je .... prends .... l'autobus le .... soir.

2 Cette histoire est arrivée!

Lisez l'histoire suivante. Elle est assez banale.

Les Monod sortent toujours le samedi soir. La maison reste vide. Les voleurs le savaient. Samedi dernier il faisait beau. Les Monod sont sortis à huit heures, comme tous les samedis, et ne sont pas rentrés avant minuit. En quatre heures les voleurs ont eu le temps de chercher. Et ils ont trouvé l'argent des Monod et tout ce qui avait de la valeur. Il n'y avait plus de voleurs à minuit, et plus d'argent.

On appelle toujours la police qui ne retrouve jamais les voleurs!

a **Relevez les verbes au passé composé et les verbes à l'imparfait.**
   Soulignez les marques de temps et de personne, et indiquez le temps et la personne.
   Exemple: savaient, imparfait, 3ème pers. pluriel.

   ....

   ....

   ....

   ....

b **Quels conseils est-ce que vous pourriez donner aux Monod?**
   Exemple: Fermez bien votre maison.

   ....

   ....

   ....

3   Racontez vos vacances

Vous écrivez à un(e) ami(e) et, au cours de la lettre, vous résumez vos vacances en un paragraphe. Vous pouvez choisir de la construire autour de l'idée: 'Nous avons passé de (très) bonnes vacances' ou 'Nous avons passé de (très) mauvaises vacances'. Avant d'écrire, répondez aux questions suivantes.

1 Qui est allé en vacances avec vous?
2 Quand êtes-vous parti(e)s?
3 Où êtes-vous allé(e)(s)?
4 Pourquoi est-ce que vous êtes allé(e)(s) à ....?
5 Qu'est-ce que vous faisiez tous les jours?
6 Qu'est-ce que vous avez vu, vous avez acheté?
7 Est-ce que vous vous êtes amusé(e)(s)?
8 Quand êtes-vous rentré(e)(s)?
9 Est-ce que vous aimeriez retourner à ....?

Maintenant écrivez le passage de votre lettre en utilisant ces éléments, et d'autres auxquels vous penserez, dans l'ordre que vous désirez.

....
....
....
....
....
....
....
....

4   Ecoutez et répondez   ∩

Mme Déjean a été assassinée le lundi 27, vers 8h05. L'inspecteur Dumont est chargé de l'enquête.
Ecoutez les questions posées par l'inspecteur et les réponses des personnes interrogées.
Remplissez le tableau suivant:

Personne interrogée	Où étaient-ils?	Que faisaient-ils?
Mme Lefort, la gardienne		
M. Déjean, le mari de la victime		
Mme Déjan, la mère de M. Déjean		

page 44

DOSSIER 21 Soyez les bienvenus

1   Renseignez-vous

Vous composez un questionnaire pour obtenir des renseignements sur une personne qui cherche un emploi.

a Ecrivez une série de questions avec quel, quelle, quels, quelles **en essayant d'obtenir le maximum de renseignements. Interrogez sur le nom, l'adresse, la nationalité, la profession, les langues connues, la taille, l'âge, les parents, etc. (Attention à l'accord de** quel!)
Exemple: Quelles langues est-ce que vous connaissez?

....

....

....

....

b Faites des questions avec où et d'où. Interrogez sur les lieux d'habitation, de travail et la provenance.
Exemple: Où est-ce que vous avez travaillé en 1985?

....

....

....

c Complétez avec des questions commençant par est-ce que.
Exemple: Est-ce que vous avez déjà travaillé dans une agence de voyages?

....

....

....

2   Quelle est leur profession?

Devinez la profession des personnes ci-dessous et dites ce qui vous a aidé à la deviner.

Exemple: Il est mécanicien parce qu'il travaille dans un garage.
Il répare des voitures.

1 ....

2 ....

3 ....

4 ....

3 Répondez à une annonce

Vous venez de lire une demande d'emploi qui vous intéresse. Vous répondez à l'annonce en donnant le maximum de renseignements sur vous-même.

> Monsieur,
>
> Je réponds à votre annonce du 5 octobre.
>
> Je m'appelle ....
>
> *(Ici, tous les renseignements qui peuvent intéresser le demandeur.)*
>
> J'espère que vous voudrez bien considérer favorablement ma candidature.
>
> Veuillez agréer, Monsieur, l'expression de mes sentiments distingués.
>
> Signature.

4 Faites votre curriculum vitae

On a souvent besoin de produire un curriculum vitae, pour poser sa candidature à un emploi, pour être accepté dans une université, pour préparer un voyage d'études, etc. Préparez ce document en français. Il peut vous être utile. N'oubliez pas votre date de naissance (né(e) le ....), le détail des études que vous avez faites (études: ....), les diplômes que vous avez obtenus (diplômes: ....)

5 Ecoutez et dites qui ils sont Ω

Vous allez entendre deux courts dialogues. Dans chaque dialogue une ou deux personnes sont présentées. Sous chacun des deux dessins ci-dessous vous allez écrire tout ce que vous apprenez de ces personnes (nom, profession, nationalité . . .).

DOSSIER 22 Qui sont ces gens?

1 Qui sont ces gens?

Imaginez qui sont les trois personnes représentées ci-dessous. Présentez une de ces personnes et inventez son curriculum, son genre de vie, etc., en donnant l'impression à ceux qui vous lisent que vous la connaissez très bien.

2 Cherchez à savoir

Etudiez la fiche d'identification ci-dessous, puis posez au moins huit questions dont les réponses sont contenues dans la fiche.

```
FICHE D'IDENTIFICATION
Nom de famille:  Dubout
Prénom(s):  Hélène, Jeanne
née le:  20 avril 1956
à:  Lausanne, Suisse
adresse:  8, rue des Champs
          Genève
nationalité:  suisse
profession:  journaliste
```

Exemple: Comment est-ce qu'elle s'appelle?

1 ....
2 ....
3 ....
4 ....
5 ....
6 ....
7 ....
8 ....

3 Complétez

Regardez les trois tableaux ci-dessous, puis complétez les phrases.

Il Elle	était avait l'air se senait	malade hier.	Il Elle	avait	mal aux dents. mal à l'estomac.

Il Elle	est se sent	malade aujourd'hui.	Il Elle	a	mal à la tête. un rhume.

Il Elle	sera se sentira	mieux demain.	Il Elle		n'aura pas mal.

Utilisez: se sent, ne se sent pas, se sentait, ne se sentait pas, se sentira.

1 Elle .... très bien hier, mais elle se sent mieux aujourd'hui.

2 Il .... bien aujourd'hui, mais il était malade hier.

3 Hélène n'est pas très bien aujourd'hui, mais je crois qu'elle .... mieux demain.

4 'Comment va Jean aujourd'hui'? Je crois qu'il .... pas très bien.

5 Charles .... malade hier, mais il sera mieux demain.

4 Transfert: lisez et écrivez

Lisez ce fragment de lettre dans lequel celui qui écrit parle de quelqu'un qui aimerait bien vous rendre visite au cours de son voyage dans votre pays.

> Mon amie s'appelle Jeanne Hachette. Elle a environ 25 ans. Elle vient du Canada mais elle habite Genève. Elle est réceptionniste. Elle travaille dans un grand hôtel de Genève. Elle est très gentille. Elle mesure environ 1m,75 et elle a les cheveux longs et noirs et les yeux bleus.

Ecrivez un passage de lettre semblable dans lequel vous parlerez d'un parent ou d'un(e) ami(e) qui aimerait rendre visite à un(e) de vos amis en France.

5 Ecoutez et décidez

Ecoutez la conversation entre deux amis, Alain et Sylvie, et mettez le numéro correspondant à la personne dont on parle dans le cercle, en haut et à gauche de chaque dessin. Mettez le numéro 1 pour la première personne, 2 pour la deuxième, et ainsi de suite.

A

B

C

D

DOSSIER 23 Qu'est-ce que tu aimerais faire?

1 On ne fait pas toujours ce qu'on veut

Remarquez que vouloir, avoir envie de, aimerais, devoir **sont suivis de l'infinitif.**

Je veux jouer au tennis.

Elle a envie de sortir.

Ils aimeraient se promener.

Vous devez travailler.

Il est plus poli de dire j'aimerais . . .

que je veux, j'ai envie de . . .

'Nous aimerions bien vous prendre avec nous mais, désolé, vous devez rester ici.'

Maintenant, répondez aux questions en disant ce que vous aimeriez faire mais que vous ne pouvez pas faire. Vous donnerez la raison.

Exemple: Qu'est-ce que vous aimeriez / voulez / avez envie de faire ce soir?

J'aimerais regarder la télévision, mais je dois sortir.

1 Qu'est-ce que vous avez envie de faire aujourd'hui?

....

2 Qu'est-ce que vous aimeriez faire demain?

....

3 Qu'est-ce que vous voulez faire dimanche prochain?

....

2 Faites des suggestions

Proposez au moins deux choses à faire dans chacun de ces cas.

Exemple: Jean voudrait aller attendre ses amis à la gare, mais il ne connaît pas l'heure d'arrivée de leur train. Il pourrait regarder l'horaire ou téléphoner à la gare.

1 Sylvie voudrait trouver du travail.

....

2 Corine et Paul aimeraient bien partir en vacances mais ils n'ont pas assez d'argent pour aller dans un grand hôtel.

....

3 Jean a envie d'aller voir un bon film mais il ne sait pas où aller.

....

3   Savoir ou connaître

(**Attention:** On *connaît* des gens, leur nom, leur adresse etc., on *connaît* des langues, des pays,
des livres etc., mais on *sait* faire des choses: connaître + groupe du nom; savoir + infinitif.)
Faites huit questions avec connaître **et** savoir **que vous aimeriez poser à quelqu'un pour mieux
le / la connaître.**

1 ....

2 ....

3 ....

4 ....

5 ....

6 ....

7 ....

8 ....

4   Qu'est-ce qu'on ne doit pas faire?

Donnez des conseils.
Exemple: Quand on a un rhume, on ne doit pas avoir froid.

1 Si vous avez très mal à la tête, ...

2 Quand on est malade, ...

3 S'il ne sait pas nager, ...

4 S'ils ne connaissent pas le français, ...

5 S'ils veulent partir en vacances, ...

6 Quand on veut arriver à l'heure, ...

5   Ecoutez et répondez   Ω

**Ecoutez les cinq dialogues et dites, chaque fois, ce que la personne ou les personnes concernées
ne savent pas, ne peuvent pas, ou ne doivent pas faire.**

1 ....

2 ....

3 ....

4 ....

5 ....

DOSSIER 24 Comment est-ce qu'on peut y aller?

1 Cherchez le mot qui convient

Etudiez les deux tableaux suivants:

A combien (de kilomètres) de Paris est Nice? Nice, c'est à combien?	C'est à 950 kilomètres. C'est très loin.

Comment est-ce qu'on peut y aller? Comment est-ce qu'on ira	En	train.	bus.	bateau.
		voiture.	avion.	

⚠ N'utilisez pas y devant le futur de aller; j'irai.

Complétez les phrases suivantes:

a avec y, de, en.

1 C'est à combien .... Paris?

2 Comment .... va-t-on?

3 Ils y sont allés .... voiture.

4 Est-ce qu'ils .... iront?

5 C'est à cinq kilomètres .... chez nous.

6 Vous .... allez souvent?

b avec combien ou comment.

1 .... est-ce qu'on y va?

2 Il y a .... de kilomètres pour Nice?

3 A .... est Lyon?

4 .... est-ce que vous irez?

5 Ils iront ....?

6 A .... est la poste la plus proche?

2 Ils y vont tous!

Répondez en utilisant y pour remplacer à + lieu.

Exemple: Comment est-ce que vous êtes allé à Paris? J'y suis allé en voiture.

1 Quand est-ce que tu es allée à la pharmacie? ....

2 Quand est-ce que vous descendez en ville? ....

3 Quand êtes-vous partis à la plage? ....

4 Comment est-ce qu'ils sont revenus à Bordeaux? ....

5 Elles allaient à la plage? ....

3 Indiquez la route

Vous avez invité des amis à venir vous rejoindre à l'endroit où vous passez vos vacances. Ecrivez-leur pour leur indiquer l'itinéraire à suivre. Utilisez une vraie carte et décidez de l'endroit d'où partent vos amis.

Vous pouvez leur dire d'abord que vous serez heureux de les voir.

Chers amis,

Nous serons très heureux de vous voir ici. Notre maison ne sera pas difficile à trouver si vous suivez bien nos indications. Vous partirez de .... par l'autoroute ....

4 Décidez-vous

Voici un tableau simplifié permettant de comparer le prix moyen du voyage et le temps moyen nécessaire pour aller de Paris à Toulouse, 725 km. Faites trois phrases en utilisant le comparatif et trois phrases avec le superlatif pour établir vos comparaisons.

Exemple: L'avion est (beaucoup) plus cher que le bus.
   Le bus est le moins rapide.

Prix	Train 375 F	Bus 315 F	Avion 590 F	Voiture 400 F
Durée	6 h	9h30	1h30	8h30

1 ....

2 ....

3 ....

4 ....

5 ....

6 ....

5 Laissez un message

Vous avez dû vous absenter et vous laissez un message sur votre porte pour dire à l'ami(e) qui doit venir vous voir où vous êtes, pendant combien de temps, et comment vous y rejoindre.

6 Ecoutez et répondez ∩

Ecoutez les trois conversations et indiquez sur le tableau ci-dessous les renseignements fournis sur les différents voyages: distance, moyen de transport conseillé, durée du voyage, prix approximatif.

	Distance	Moyen de transport	Durée du voyage	Prix approximatif
Paris–Tours				
Paris–Nice				
Bordeaux–Marseille				

DOSSIER 25 Où est-ce?

1 Où sont-ils?

Regardez les deux tableaux ci-dessous qui contiennent des prépositions de lieu apprises dans ce dossier.

Lille est **au nord de** Paris. Brest est **à l'ouest de** Tours. Nice est **entre** Cannes et Menton. Le garage est **derrière** la maison.	Vous pouvez sortir **dans** le jardin **par** la cuisine. La voiture est **devant** la porte. La table est **sous** la fenêtre. Versailles est **à côté de** Paris.

Maintenant, complétez les phrases suivantes:

1 Les fourchettes sont dans le tiroir, ... les couteaux et les cuillères.

2 Vous pouvez aller dans le jardin .... la porte de derrière.

3 Marseille est à environ 300 kilomètres .... sud .... Lyon.

4 Je pense que tes chaussures sont .... la chaise.

5 Notre garage est .... la maison.

6 Les petites cuillères sont .... des soucoupes.

7 Rouen est une ville sur la route .... Le Havre et Paris.

8 Elle est à environ 120 kilomètres .... l'ouest .... Paris.

9 Quand vous entrez .... la porte de derrière vous trouvez la cuisine.

10 La porte de derrière donne .... le jardin.

2 Lisez les annonces

Déchiffrez et transcrivez deux ou trois des annonces suivantes:

CLICHY-SOUS-BOIS. 5 p., petit jard. + cuis., gar., chf. cent. Px 460.000. 854-34-44, tous les jours sauf samedi et dimanche.	**AV. DAUMESNIL** Dans imm. neuf. 9e étage. 4 p., tt cft. 99 m2 + terrasse. duplex 86 m2, cave. park., 1.230,000 F. Tél. 260-34-54.	◆ 41, r. Claude-Decaen Studio 16 m2 r.-ch. s/cour coin cuis. s. bns chff. cent. Px demandé 110.000 F SEGECO - 522.43.20
LA GARENNE-COLOMBES. r. du CHATEAU. Gd séj. + 3 chbres, cuis. équip., 2 bains. Chf. mazout. Jardin. Possib. garage. 725.000 F. 788-49-00.	**VERSAILLES** SUR PARC. 200 m2, grand standing. 10,000 F le m2. 222-66-37.	

3 Donnez toutes les indications nécessaires

Vous allez faire un échange avec une famille française l'été prochain. Vous allez vivre chez eux et ils viendront habiter chez vous. Vous trouverez à la page ci-conte le passage de leur lettre dans lequel ils décrivent leur maison. Lisez-le attentivement et écrivez un texte donnant des indications comparable concernant votre maison ou votre appartment.

Nous habitons à la campagne, au 54 route du Moulin, à Rochette. Notre téléphone est le 16 (65) 21 63 87. Rochette est une très petite ville, à 15 kilomètres environ au sud-est de Cahors.

Notre maison a plus de cent ans mais elle a été réparée et elle est assez confortable. Il y a une pièce de séjour, assez grande, une petite salle à manger et une cuisine au rez-de-chaussée. Vous entrez par la porte de devant et le séjour est à droite. L'escalier est en face de vous. La salle à manger et la cuisine sont derrière. Au premier étage nous avons trois chambres et une salle de bains, mais deux des chambres sont assez petites.

Derrière la maison, il y a un grand jardin avec un garage.

4 Rédigez une petite annonce

Lisez l'annonce suivante:

Vends appart. 150m2, grand séjour, 2 ch., cuis., s. de b., W.C., entrée, garage. Près écoles, centre commercial, tennis, golf. Prix 1.250.000. Tél: 561-84-23, après 19 h.

Rédigez une annonce pour la maison dont on parle dans le dialogue 2.1.

....

....

....

Vous cherchez à louer un appartement ou une maison. Rédigez l'annonce. Il n'est pas nécessaire d'employer les abréviations.

....

....

....

5 Ecoutez et indiquez les pièces 🎧

Ecoutez la conversation entre le vendeur et l'acheteur possible de l'appartement et indiquez le nom des pièces sur le plan.

DOSSIER 26 Quel jour sommes-nous?

1 Apprenez les dates

Revoyez les tableaux ci-dessous avant de faire les exercices.

lundi le 12 mars lundi, 12 mars	le lundi tous les lundis tous les 13 mars	en ⚠ au	janvier, février, mars 1980 été, automne, hiver printemps

Combien de temps est-ce que	vous êtes parti?	Je suis parti (pendant) 15 jours.
	vous serez parti?	Je serai parti (pendant) 15 jours.
(Pour) combien de temps est-ce que vous partez?		Je pars pour 15 jours.

Quand est-ce que vous êtes parti?	Je suis parti	il y a six mois. le 12 mars. en mars.

Complétez avec en, au, le, pour, il y a ou — :

1 Nous sommes allés en Autriche .... 1971.

2 Ils vont partir .... quinze jours.

3 Elle reviendra .... printemps.

4 Nous sommes partis en voyage .... 20 juin.

5 Le voyage prend .... neuf jours.

6 Nous étions en Suisse .... cinq ans.

7 Nous avons quitté Paris .... 5 avril.

8 Ils prennent leurs vacances .... hiver.

9 Je suis resté .... quinze jours au Brésil.

10 Son anniversaire est .... premier septembre.

2 Faites des plans pour eux

Regardez l'exemple et écrivez les dates et la durée de leur voyage.

Exemple:

Etienne	vous écrivez:
départ: 7 juillet retour: 21 juillet durée du voyage: 14 jours	Etienne partira le 7 juillet. Il reviendra le 21 (juillet). Il partira pour quatorze jours.

1
Hélène
départ: 28 janvier
retour: 4 février
durée du voyage: 1 semaine

2
Bernard
départ: 20 mai
retour: 8 juin
durée du voyage: 3 semaines

3
Claudine et Jean
départ: 1er octobre
retour: 30 novembre
durée du voyage: 2 mois

3 Préparez votre visite

Lisez ce passage de la lettre que vous avez reçue d'un collègue français, vous annonçant sa visite. Ecrivez un passage semblable à un collègue français pour préparer un voyage semblable que vous projetez.

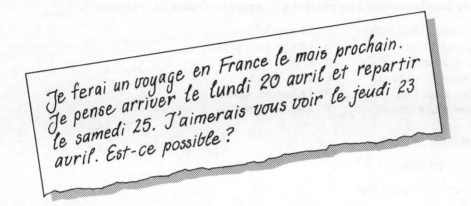

Je ferai un voyage en France le mois prochain. Je pense arriver le lundi 20 avril et repartir le samedi 25. J'aimerais vous voir le jeudi 23 avril. Est-ce possible?

4 Quelle est la meilleure solution?

Vous faites des plans de voyage. Vous examinez différentes possibilités: départ en train, en voiture, en avion à diverses dates. Vous n'avez que dix jours et vous voulez profiter au maximum de votre séjour sur place. Vous n'avez pas assez d'argent pour faire l'aller-retour en avion. Vous préférez partir en voiture pour visiter des endroits touristiques sur la route. Vos vacances commencent un samedi. Vous exposez une ou deux possibilités dans une lettre à un(e) ami(e). Exemple: Voyage de Toulouse à Nice.

	Durée	Frequence	Prix	Avantages	Inconvénients
Train	de 7 à 8h	2 trains directs par jour	830 F A-R en 1ère cl.		
Avion	1h25	1 vol par jour. Pas d'avion le samedi et le dimanche	1.150 F A-R		
Voiture personelle	de 8 à 10h sans arrêts	—	environ 900 F A-R pour 4 personnes		

Avant d'écrire votre lettre vous pouvez inscrire vos remarques dans les colonnes avantages/inconvénients.

5 Ecoutez et décidez Ω

Deux amis, Marc et Guy, prennent rendez-vous par téléphone pour déjeuner ensemble. Ecoutez et indiquez le jour, la date et le lieu de leur rendez-vous.

DOSSIER 27 A qui est-ce?

1 Exercez-vous

a Trouvez dans la colonne 2 les phrases qui complètent celles de la colonne 1.

1 Ces chaussures sont à elles.   A Ce sont les leur.
2 Cette jupe est à toi.   B Ce sont les nôtres.
3 Cette voiture est à vous.   C C'est la tienne.
4 Ces disques sont à nous.   D C'est le sien.
5 Ce manteau est à lui.   E Ce sont les siennes.
6 Ces robes sont à Jeanne.   F C'est la vôtre.

b Complétez.

1 A .... est ce parapluie?

2 Cet appareil n'est pas à moi. C'est .... tien?

3 Ces valises en cuir sont à Maryse et à lui. C'est vrai. Ce sont les ....

4 J'ai vu cette dame avec ce chapeau. Mais oui. C'est ....

5 Cette radio est celle de Jeanne. C'est bien ....

2 Comment est-ce que ça doit être?

D'après les indications qui vous sont fournies, formulez une hypothèse comme dans l'exemple.

Exemple: La chambre donne sur une rue et il y passe beaucoup de voitures.
       → Elle doit être très bruyante.

1 Les chambres donnent sur un jardin. ....

2 Sa maison est à côté de la gare. ....

3 C'est un grand hôtel, tout neuf. ....

4 Il pleut souvent dans ce pays. ....

5 Il neige tous les ans pendant trois mois. ....

6 Il y a 25° et le soleil brille. ....

3 Lequel est à vous?

Répondez aux questions suivantes en vous inspirant de l'exemple.

Exemple: Quel est votre parapluie, le noir ou le rouge?
       Le mien, c'est le rouge.

1 Quelle est votre voiture, la grande ou la petite? ....

2 Quelle est ta maison, celle de droite ou celle de gauche? ....

3 Quel est son bureau, celui du troisième étage ou celui du quatrième? ....

4 Quelle est sa chambre, celle qui donne sur le jardin ou celle qui donne sur la rue? ....

5 Quels sont leurs amis, ceux qui sont à cette table ou les autres? ....

4 Il fait beau quelquefois

Lisez le passage ci-dessous extrait d'une lettre d'un ami français qui vous décrit le temps qu'il fait dans sa région.

En été le temps est en général beau. Il fait chaud, souvent plus de 30 degrés. En automne il pleut assez souvent et il y a du vent, mais la température reste bonne. Il pleut et il fait froid en hiver. La température descend jusqu'à moins 5 degrés, mais ça ne dure pas. Au printemps le temps est bien agréable. Il fait assez chaud et nous avons du soleil.

Ecrivez un passage semblable pour décrire à un(e) correspondant(e) ami(e) le temps qu'il fait dans votre région.

5 Comparez

Voici le tableau des températures prévues un 30 août en Europe. Comparez-les et dites où il fait le plus chaud, le plus froid, dans quels endroits les températures sont les mêmes (ou presque). Puis dites où vous voudriez être et pourquoi.

Températures prévues aujourd'hui

	Mini	Maxi		Mini	Maxi		Mini	Maxi
FRANCE			Paris	15	21	Copenhague	15	19
Ajaccio	20	27	Strasbourg	16	21	Dublin	12	19
Bordeaux	13	21	Toulouse	17	22	Genève	18	21
Brest	14	19				Lisbonne	22	29
Lille	15	22		Mini	Maxi	Londres	14	22
Limoges	16	20				Luxembourg	13	21
Lyon	16	22	**EUROPE**			Madrid	16	31
Marseille	18	23	Amsterdam	14	19	Oslo	10	15
Nice	19	20	Bonn	14	24	Rome	19	28
			Bruxelles	13	21	Stockholm	12	15
						Tunis	18	28

Utilisez:

C'est à .... qu'il fait ....

Il y a .... degrés de différence

entre ....

La température de .... est

(presque) la même que

celle de ....

6 Ecoutez et décrivez les objets

Ecoutez les trois conversations entre l'employé de la consigne de la gare et trois voyageurs, puis remplissez la grille.

	Couleur	Matière	Taille	Caractéristique
manteau				
valise				
sac				

DOSSIER 28 Ça me plaît

1   Qu'en pensez-vous?
a Classez les appréciations suivantes par ordre croissant.

1 C'est un excellent joueur.
2 Il ne joue pas mal.
3 Il pourrait jouer mieux.
4 Je ne connais pas de meilleur joueur.
5 C'est un bon joueur.
6 Il est très fort.

3				

**b Deux de vos amis viennent de se marier et vous avez recueilli les commentaires ci-dessous.
Classez-les dans l'ordre désapprobation—approbation.**

1 Tu crois qu'ils font bien?
2 Ils ont bien raison.
3 C'est bien triste!
4 Pourquoi est-ce qu'ils ont fait ça?
5 Que je suis heureux!

3				

2   Quel est votre favori?
Répondez au questionnaire suivant et donnez les raisons de votre choix.

QUESTIONNAIRE   *Lequel est-ce que vous préférez?*

Donnez vos raisons

musique ....

sport ....

livre ....

ville ....

3   Qu'est-ce que vous aimez?
Caractérisez les gens et les choses de la manière suivante.
Exemple: J'aime les femmes qui sont gentilles, qui sont blondes et qui ont les yeux bleus, qui aiment
le sport. . . .

1 J'aime les hommes qui ....

....

2 Je préfère 'es voitures qui ....

....

3 J'ai horreur des gens qui ....

....

4 Est-ce que vos goûts changent?

Il y a probablement des gens ou des choses que vous aimiez et que vous n'aimez plus autant.
Dites ce qui est arrivé.

Exemple: J'aimais beaucoup le thé mais je n'en bois plus. Je préfère le café maintenant.

....

....

....

....

....

....

5 Qu'est-ce que vos ami(e)s aiment?

Dites ce qu'aiment ou n'aiment pas deux ou trois de vos ami(e)s.

Exemple: Mon ami Paul aime beaucoup le sport. Il joue au tennis et au football. Mais il n'aime pas
beaucoup lire. Il préfère regarder la télévision. Il a horreur du théâtre et des concerts.

....

....

....

....

....

....

....

6 Ecoutez et indiquez   Ω

Ecoutez la conversation entre Odile et François. Puis mettez une croix dans une des deux
colonnes pour indiquer ce que François aime ou n'aime pas faire.

François	aime	n'aime pas
faire du sport		
aller au cinéma		
voyager		
lire		
se promener		
jouer aux échecs		

DOSSIER 29 Combien est-ce qu'il t'en faut?

1 Combien est-ce qu'ils en veulent?
Complétez les phrases suivantes:

1 .... pommes est-ce que vous voulez?

2 Il m' .... faut deux kilos.

3 Vous voulez aussi de la farine? — Oui, donnez m' .... un paquet.

4 Est-ce que vous avez .... sucre? — Oui, il m' .... reste.

5 J' .... veux trois kilos.

6 Attendez! Il ne me reste pas .... d'argent. Je reviendrai.

2 Mettez les mots ensemble
Faites une liste de courses en associant une unité de la liste A à une unité de la liste B.

A		B
un paquet		pommes de terre
une bouteille		allumettes
une livre	de	dentifrice
un kilo	d'	beurre
un tube		sucre
une boîte		cigarettes
un sac		vin

3 De quoi est-ce qu'elle a besoin?
Reportez-vous au dialogue 1.1 Claude va faire un gâteau roulé.

1 Combien d'œufs est-ce qu'il lui faut? — Il lui ....

2 Combien de farine est-ce qu'il veut? — Il ....

3 De quoi a t-il besoin encore? ....

4 Qu'est-ce qu'il faut aussi, qui n'est pas dit dans le dialogue? ....

4 Vous en aurez besoin
Vous allez rentrer de voyage un dimanche soir. Vous écrivez à un voisin pour lui demander de vous acheter quelques provisions pour votre dîner et votre petit déjeuner du lendemain. Vous pouvez commencer ainsi que suit:

Chère Madame Legrand,
        Nous rentrerons dimanche prochain, assez tard dans la soirée. Pourriez-vous. ....

....

....

....

5 Combien est-ce qu'ils dépensent?

Regardez ce budget mensuel d'une famille d'ouvriers de trois personnes. Faites vos
commentaires.

Exemple: Ils dépensent beaucoup plus pour leur nourriture que pour leur logement.

nourriture	F 1.850
logement	950
électricité / gaz	475
vêtements	225
voiture	775
dépenses personnelles	245
sorties / vacances	350
impôts	175
assurances	185
autres	270
	5.500

....

....

....

....

....

....

....

....

....

....

....

6 Ecoutez et indiquez

Ecoutez la conversation entre M. et Mme Latour qui vont partir en vacances et indiquez les
choses qu'ils vont emporter.

Le mari
☐ un costume noir
☐ des chaussures neuves
☐ un costume bleu
☐ une ceinture de cuir noire
☐ une ceinture marron
☐ un chapeau en toile
☐ des médicaments

La femme
☐ une robe en laine
☐ une robe verte en soie
☐ une robe rouge en soie
☐ un chapeau
☐ une montre
☐ un bracelet
☐ des médicaments

DOSSIER 30 Qu'est-ce que vous avez fait?

1   'Depuis' ou 'pendant'?

Complétez les phrases suivantes:

1 Je vis à Paris .... dix ans.

2 J'ai habité à Lyon .... cinq ans.

3 Elle travaille ici .... août.

4 Il a été employé de banque .... six mois.

5 Ils ont vécu en France .... deux ans.

6 Ils sont arrivés .... trois heures.

7 Nous avons quitté Marseille .... un an.

8 J'ai fait du tennis .... deux ans.

2   Ils viennent de le faire!

Répondez aux questions suivantes.

Exemples: Vous n'avez pas encore tapé le courrier? — Mais si, je viens de le taper.

Tu as mis la voiture au garage? — Oui, je viens de la mettre.

1 Elles sont parties? ....

2 Tu n'as pas encore déjeuné? ....

3 Ils n'ont pas encore fini ces rapports? ....

4 Vous n'avez pas encore téléphoné? ....

5 Vous êtes allés au musée?   Oui, nous ....

6 Tu n'es pas encore allé faire les courses? ....

Parmi ces cinq questions, lesquelles pourraient être interprétées comme des reproches? (Donnez les numéros.)

3   Quelle est la bonne réponse?

Une seule des trois réponses proposées est correcte. Soulignez-la et demandez-vous pourquoi les deux autres ne sont pas acceptables.

1 Vous avez assez d'argent?   A Non, j'en voudrais d'autres.
B Non, il m'en faut encore.
C Non, donnez m'en un autre.

2 Tu as acheté des œufs?   A Oui, je les ai achetés.
B Oui, j'ai acheté les six.
C Oui, j'en ai six.

3 Tu as assez de livres?   A Non, j'ai besoin d'un autre.
B Non, il m'en faut encore un autre.
C Non, j'en ai encore.

4 C'est un homme très connu

Lisez cette biographie d'un conférencier que vous devez présenter à un auditoire venu l'entendre. Préparez le texte que vous allez lire.

Monsieur Edmond Dubout, professeur et homme de lettres.

1960–69	vit à Bordeaux professeur à l'Université commence son grand livre *L'homme et la vie*.
1969–72	voyage en Europe et en Amérique donne des conférences écrit *Les sociétés nouvelles*.
1973–75	vit à Tours termine *L'homme et la vie* en 1974.
1975–85	vit à Paris écrit des nouvelles et des poèmes est connu de tous fait des émissions de télévision est un personnage célèbre.

Vous pouvez commencer ainsi:

Ce soir, j'ai le très grand plaisir de vous présenter M. ....

....

....

....

5 Où en êtes-vous?

Vous terminez votre étude de 'Système'. Essayez de décrire votre expérience d'apprentissage du français. Dites depuis quand vous l'apprenez, combien de temps vous y avez passé, ce que vous avez appris, ce que vous croyez savoir faire et ce que vous voudriez faire. Faites aussi la critique de la méthode que vous avez suivie et donnez des conseils à ceux qui l'utiliseraient après vous.

6 Ecoutez et prenez note Ω

Une 'femme au foyer' qui attend ses enfants à la sortie de l'école, est interviewée par une journaliste. Ecoutez et prenez note de tout ce que Mme Sautet a fait pendant la journée.

Matin	à 7 heures	
	avant 8 heures	
	entre 8 heures et midi	
Après-midi	entre 1h30 et 3 heures	
	à 3 heures	
	à 4 heures	